Annette Cöster

Zwei Ponys machen doppelt Spaß

Illustriert von Irmgard Paule

www.leseloewen.de

ISBN 978-3-7855-8388-3
1. Auflage 2016
Überarbeitete Neuausgabe
© Loewe Verlag GmbH, Bindlach 2004, 2016
Illustrationen: Irmgard Paule
Umschlaggestaltung: Elke Kohlmann
Reihenlogo: nach einem Entwurf
von Angelika Stubner
Printed in Italy

www.loewe-verlag.de

Inhalt

Ponys am Frühstückstisch

Es ist ein warmer Frühlingstag.
Der gedeckte Tisch
steht vor dem Haus.

Die Zwillinge frühstücken heute
zusammen mit Mama und Papa
draußen im Garten.

Über ihnen, in den Apfelblüten,
summen die Bienen.

Joschi beißt in ein Brötchen.
„Scheckis Fohlen wird bestimmt
ein schwarzer Hengst",
meint er mit vollem Mund.
„Und es heißt ‚Bandit'."

„Aber wenn es
ein Stutfohlen wird,
nennen wir es ‚Zauberfee'!",
flüstert Lilli aufgeregt.

9

„Das Fohlen kommt doch erst in drei Wochen", beruhigt Mama die Zwillinge.

„Wir haben noch Zeit genug, um einen Namen auszusuchen."

„Aber Schecki ist doch
schon so dick wie ein
Nilpferd!", findet Joschi.

„Achtung, Überfall!",
ruft er dann.
Zu spät.
Schon plündern
zwei freche Ponynasen
den Frühstückstisch.

Lilli bringt schnell ihren Apfel
vor Flocke und Möhrchen
in Sicherheit.

„Verschwindet!", ruft Papa
und hält seine Kaffeetasse fest.

Doch Möhrchen macht
seinen Hals ganz lang
und schnaubt kräftig.

12

Kaffee tropft von Papas Brille.

Möhrchen tunkt sein Maul
in die Marmelade.
„Sieht aus wie Lippenstift",
kichert Lilli.

Papa wischt seine Brille ab.
Er schaut sich um.
„Wo ist denn Schecki?",
fragt er die Zwillinge.

Scheckis Fohlen

Die Zwillinge sehen sich an.
„Vielleicht ist das Fohlen
ja schon da!",
wispert Lilli aufgeregt.

Die beiden springen blitzschnell auf
und stürmen zur Weide.

Dort hören die Zwillinge
hinter den Büschen
ein leises Schnauben.

Schecki lugt blinzelnd
zwischen den Fliederblüten
hervor.

Atemlos erreichen
Joschi und Lilli den Busch
und biegen vorsichtig
die Zweige zur Seite.

Joschi tritt aufgeregt
von einem Fuß
auf den anderen.

Lilli steht ganz still da.

16

Im hohen Gras
liegt ein winziges Fohlen.

Joschi bricht in wildes
Freudengeschrei aus.
„Es ist schwarz!", jubelt er.

„Pst!", mahnt Lilli.
„Was soll es denn
von uns denken!"

17

Lilli lächelt andächtig.
„Es ist ein Stutfohlen
mit ganz frechen Augen."

„Dann sollte es wohl
eher ‚Hexe' heißen!",
schlägt Joschi vor.
Damit ist Lilli einverstanden.

Die Zwillinge laufen zum Haus.
„Scheckis Fohlen ist da!",
rufen sie laut.

„Ich weiß!", nickt Mama.
„Es hat mich schon besucht!"

Sie zeigt auf die offene Tür.
Eine Dreckspur
führt quer durch die Küche.

„Tatsächlich!", staunt Joschi.
„Aber eben lag
das Fohlen doch noch
auf der Wiese."

Ein Fohlen macht Unfug

Am nächsten Morgen
sitzen die Zwillinge
in der Badewanne und singen.

Ganz leise öffnet sich
die Badezimmertür
und das kleine Fohlen
trippelt ins Bad.

Staunend beschnuppert es
den bunten Duschvorhang.
Neugierig probiert das Fohlen,
ob der wohl schmeckt.

Ratsch!,
reißt der Vorhang
von der Stange.
Das Wasser spritzt.

„He!", ruft Lilli erschrocken.

Entsetzt galoppiert
das Fohlen
über die Terrasse
hinaus in den Garten.

Genau in die Wäscheleine!

In ein Bettlaken verheddert,
tobt das schwarze Pony
im Zickzack über den Rasen.

Dann saust es
um die Hausecke.

Die Zwillinge laufen
hinter dem Fohlen her.

24

Auf der Ponywiese
entdecken die beiden
Hemden, Socken, Unterhosen.

Und mittendrin liegt – Hexe!
Friedlich dösend.

Schecki leckt ihrem Fohlen
zärtlich übers Fell.

Lilli und Joschi kichern,
aber Mama findet das alles
gar nicht lustig.

„So geht das nicht weiter!",
brummt auch Papa.

In Latzhose und Stiefeln
stapft er zum Schuppen.

Dort kramt er Hammer, Nägel
und Bretter zusammen
und packt alles
in eine Schubkarre.

Was fehlt Schecki?

Joschi und Lilli
helfen Papa,
neue Bretter
an den Koppelzaun
zu nageln.

Scheckis Fohlen steht
neugierig daneben.

„Jetzt kannst du
nicht mehr ausbüxen!",
stellt Joschi zufrieden fest.

Schecki aber trabt
aufgeregt am Zaun entlang
und wiehert immerzu.

„Was fehlt ihr nur?",
fragt Lilli besorgt.

Papa ist ratlos,
doch Joschi hat eine Idee.

Gemeinsam verschwinden
die Zwillinge in der Küche.
Sie tragen alles zusammen,
was Schecki gut schmeckt.

Voll beladen machen sie sich
auf den Rückweg zur Weide.

Plötzlich stolpert Lilli.
Äpfel, Möhren und Brot
poltern zu Boden.

Joschi reißt erstaunt
die Augen auf.

Denn mitten im Weg
liegt – ganz eng eingerollt –
das kleine schwarze Fohlen.

„Aber das ist ja ...“,
stammelt Joschi.

„... wie verhext!“,
ergänzt Lilli verwundert.

So **ein** Bandit!

Da kommt Mama
mit der schmutzigen Wäsche
von der Ponywiese.

Sie betrachtet das Fohlen
und lächelt geheimnisvoll.

„Kommt mal mit", sagt sie
zu Lilli und Joschi.
„Ich glaube, ich weiß,
warum Schecki
so unruhig ist!"

Mama bringt das
Fohlen zur Weide.

Aber – was ist denn das?

Hinter dem Zaun,
neben Schecki,
steht ja noch
ein schwarzes Fohlen!

„Es sind Zwillinge!",
jubelt Lilli.

„Genau wie wir",
staunt Joschi.

35

„Hexe war die ganze Zeit
brav bei ihrer Mutter", sagt Mama.
„Und dieser kleine Räuber hier
hat all den Unfug angestellt."

Joschi zieht dem Hengstfohlen
eine Wäscheklammer
aus dem Fell.
„Er ist eben
ein echter Bandit!"

„Und seine Schwester ist
doch meine süße Zauberfee",
flüstert Lilli glücklich.

Die beiden Zwillingsfohlen
stecken die Nasen zusammen
und Schecki schnaubt zufrieden.